JUMBO SUDOKU
POCKET

Time Inc.
HOME ENTERTAINMENT

Time Inc.
HOME ENTERTAINMENT

Publisher	Richard Fraiman
Executive Director, Marketing Services	Carol Pittard
Director, Retail & Special Sales	Tom Mifsud
Director, New Product Development	Peter Harper
Financial Director	Steven Sandonato
Assistant Director, Brand Marketing	Laura Adam
Assistant General Counsel	Dasha Smith Dwin
Marketing Manager	Victoria Alfonso
Book Production Manager	Jonathan Polsky
Design & Prepress Manager	Anne-Michelle Gallero

Special Thanks To:
Bozena Bannett
Alexandra Bliss
Glenn Buonocore
Neal Clayton
Patrick Dugan
Suzanne Janso
Robert Marasco
Eddie Matros
Brooke McGuire
Mary Sarro-Waite
Ilene Schreider
Adriana Tierno
Alex Voznesenskiy

Cover design by Anne-Michelle Gallero
Interior design by Angelo Papadopoulos

We welcome your comments and suggestions about
Time Inc. Home Entertainment Books. Please write to us at:
TIHE Books
Attention: Book Editors
PO Box 11016
Des Moines, IA 50336-1016

**If you would like to order any of our hardcover Collector's Edition books,
please call us at 1-800-327-6388.**
(Monday through Friday, 7:00 a.m.— 8:00 p.m. or Saturday, 7:00 a.m.— 6:00 p.m. Central Time).

Sudoku Puzzles

A sudoku puzzle is a logic game that uses numbers, it is not a math test! You solve sudoku with reasoning, not with arithmetic. Starting from an initial set of numbers on a 9x9 grid, the challenge is to complete the puzzle so that the pattern of numbers satisfies the three sudoku rules:

1. Each horizontal row in the puzzle must contain each of the numbers 1-9.
2. Each vertical column in the puzzle must contain each of the numbers 1-9.
3. Each 3x3 box in the puzzle must contain each of the numbers 1-9.

Here is a typical puzzle and solution. See for yourself how the rows, columns and boxes contain one instance of each number 1-9.

	4		6	7		5		
5				3	2	8		
2						1		
7					5	9		
1	9	3				6	5	8
		5	8					1
		7						5
		6	7	2				9
		2		5	9		4	

Box   **Column**

3	4	8	6	7	1	5	9	2
5	7	1	9	3	2	8	6	4
2	6	9	5	8	4	1	3	7
7	8	4	1	6	5	9	2	3
1	9	3	2	4	7	6	5	8
6	2	5	8	9	3	4	7	1
9	3	7	4	1	6	2	8	5
4	5	6	7	2	8	3	1	9
8	1	2	3	5	9	7	4	6

Row (labels the seventh row of the solution grid)

The puzzles are designed so that there is just enough information in the initial setting to specify a single solution that fits the rules. Your task is to find it! Here are four strategies that you might use.

Strategy 1: "Find a cell that can only take one number". Sometimes you can find out which number goes in a cell simply by eliminating all the other possibilities. Take a look at the cell marked 'A' in the example grid on the next page. It can't be 1, 2, 5 or 6 since those numbers have already been taken in the first column. Similarly, it can't be 3, 4, 7 or 8 since those numbers have already been taken in the top row. So A must be the number 9. This strategy is most useful when the puzzle is nearly finished, and most cells already have values.

Strategy 2: "Find a number that can only go in one cell". We can turn strategy 1 around, and ask not which single number goes in this cell, but which single cell is the home to this number. Take a look at the cell marked 'B' in the example grid. You might think that it could take any number except 1. But in fact it must be 3 - because it is the only cell in the top right box (and in the rightmost column and in the second row) where a 3 can go. This is the most productive strategy in sudoku, although you need to develop an eye for finding suitable numbers to try.

Strategy 3: "Eliminate numbers which have to go elsewhere". It is easy to find which numbers are still possible for a cell. Take a look at cell 'C' in the example grid. We can eliminate 3, 7 & 8 and 2, 5, 6 & 9 leaving 1 and 4. But look at the first column. This is missing a 4, and wherever it goes it must go in one of the three cells at the left of the lower left box. So C cannot be 4, therefore it can only be 1. See how we eliminated a number even when we didn't know exactly where it went. Some people pencil-in number alternatives in a cell – this helps them find out where strategy 3 applies.

Ⓐ	3	4	7	8				
1								Ⓑ
2		8	3		4			
5	7						2	
6						3		
				4			9	
							Ⓓ	
	Ⓒ	2	5	6	9			
	8					5	3	1

Strategy 4: "Eliminate groups of numbers that use up groups of cells". If two numbers can only go in two cells (in a box, row or column) then those numbers and those cells are 'used up', and this reduces the possibilities for the numbers and cells that are left. The same would be true if you found three numbers that could only go into three cells. Take a look at cell 'D' in the example grid. We can eliminate 5, 3 & 1, and 2 & 9, so it must be one of 4, 6, 7 or 8. But look at the middle row of the bottom right box. These cells must contain the numbers that complete the 8th row of the puzzle, which are from 1, 3, 4, 7 or 8. But these three cells can't contain 1 or 3, so they must contain 4, 7 & 8. But if these three cells contains 4, 7 & 8, then 4, 7 & 8 can't go in cell D – so cell D must be 6! If this strategy sounds complex, don't worry. Most of the puzzles in this book

can be solved with strategies 1, 2 & 3 alone. You'll only need strategy 4 for the Fiendish level puzzles.

Killer Sudoku Puzzles

In a normal sudoku puzzle, the initial pattern of numbers supplied at the start contain just enough information to specify a single solution. In killer sudoku the job of the initial numbers is performed instead by a set of sums operating on groups of 'linked' cells. So as well as the three sudoku rules, killer sudoku adds a fourth:

4. Each group of linked cells must contain numbers which add to the sum shown, without any number being repeated within a group.

Here is an example killer sudoku puzzle with its solution. Check for yourself how the fourth rule applies alongside the three normal sudoku rules.

Once you've got started with a killer sudoku puzzle, you can use your experience with the normal sudoku strategies to help you find the values of cells. But how do you start? Here are some strategies to help you.

Strategy 8: "Look for rows, columns and boxes with holes or stubs". Killer sudoku introduces arithmetic into the puzzle, but we can use that to our advantage. As well as the linked cells adding to a particular sum, it is also true that each row, column and 3x3 box must add to the sum of 1 to 9, which is 45. We can now look for situations where the linked cells combine to nearly cover a row, column or box – but leave one cell short, or one cell sticking out. Look at the example grid below. The upper left box contains digits 1-9 that add to 45. But there are also a set of linked cells which cover this box, plus one further cell. These linked boxes add to 7 + 3 + 24 + 14 = 48. So cell 'A' plus the contents of the upper left box must add to 48, and hence A must be 3. We say that cell 'A' is a stub – it sticks out of the side of a row, column or box. Now look at the rightmost column. This column contains digits 1-9 so must add to 45, but eight of the cells are covered by three link groups which add to 17 + 9 + 10 = 36. So cell 'B' must make the total for the column up to 45, and hence it must contain 9. We say that cell 'B' is a hole – it completes a set of linked cells to cover a row, column or box.

Holes and stubs are a quick way of finding the values of a few cells right from the start, but unfortunately it is rare for there to be more than two or three such cells per puzzle. You'll need some other strategies too.

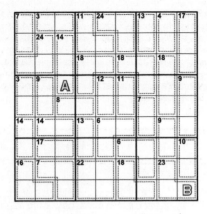

Strategy 9: "Look for linked cells that contain a unique set of numbers". The linked cells tell us that a certain block of cells must contain numbers which add to the sum shown, without repetition. But there are many cases where the combination of block length and sum means that only one set of numbers can be used in a linked group. For example, a linked group of length 2 that sums to 3 can only contain the numbers 1 and 2. Similarly a linked group of size 3 that sums to 24 can only contain the numbers 7, 8 & 9. In the table below I have listed all the unique sets for block lengths between 2 and 7.

Block Length	Sum	Unique Set	Unique Set	Sum	Block Length
	3	1 2	3 4 5 6 7 8 9	42	
2	4	1 3	2 4 5 6 7 8 9	41	7
	16	7 9	1 2 3 4 5 6 8	29	
	17	8 9	1 2 3 4 5 6 7	28	
	6	1 2 3	4 5 6 7 8 9	39	
3	7	1 2 4	3 5 6 7 8 9	38	6
	23	6 8 9	1 2 3 4 5 7	22	
	24	7 8 9	1 2 3 4 5 6	21	
	10	1 2 3 4	5 6 7 8 9	35	
4	11	1 2 3 5	4 6 7 8 9	34	5
	29	5 7 8 9	1 2 3 4 6	16	
	30	6 7 8 9	1 2 3 4 5	15	

If you look in the example grid above, you can find a number of linked groups which have unique sets. In fact I can find ten such sets, can you?
Finding that a linked group of cells contains a certain set of numbers does not necessarily mean that you know which number goes in which cell. You have to use this fact in combination with other numbers in the puzzle and with the other sudoku rules. You may find that existing numbers elsewhere in the

puzzle put additional constraints on which cells within a linked group can take which values.

Strategy 10: "Use linked cells to eliminate a group of numbers across a group of cells". A powerful strategy for normal sudoku was strategy 4, where we looked for groups of numbers which used up a group of cells. For example we might find 3 numbers within a row which must occupy 3 cells – this 'uses up' the cells and the numbers, allowing us to reason about the numbers and cells that are left. The linking of cells in killer sudoku makes this strategy very much easier to use. In this row, for example, the two linked groups at the right are unique sets and must contain 7, 8 & 9, and 1 & 2 respectively:

11		7		24			3	
				7,8,9	7,8,9	7,8,9	1,2	1,2

This leaves the numbers 3, 4, 5 & 6 to complete the two linked groups on the left. But there is only one way in which these numbers can be used to make the sums shown. The numbers must be distributed like this:

11		7		24			3	
5,6	5,6	3,4	3,4	7,8,9	7,8,9	7,8,9	1,2	1,2

Strategy 10 does not necessarily tell you which number goes where, but it is a great help in combination with other numbers in the puzzle and with other strategies.

That's it!
You should now have all the information you need to attempt the puzzles in this book. You'll find that the puzzles are arranged in increasing level of difficulty, so be sure to practise on the easy puzzles first. Remember that every puzzle has a single solution that you can arrive at by reasoning – you'll never need to guess! Good luck, and have fun.

The Puzzle Master

2	6	3	4	8	7	1	5	9
9	5	7	1	3	2	6	4	8
8	1	4	5	9	6	7	2	3
4	3	1	9	5	8	2	7	6
5	7	8	6	2	1	9	3	4
6	2	9	3	7	4	5	8	1
7	9	6	8	4	5	3	1	2
3	4	2	7	1	9	8	6	5
1	8	5	2	6	3	4	9	7

1

GENTLE   MODERATE   TOUGH   FIENDISH

9	7	5	6	2	3	1	8	4
2	6	1	8	7	4	9	3	5
3	4	8	1	5	9	2	7	6
5	9	7	3	4	1	8	6	2
8	1	3	9	6	2	4	5	7
4	2	6	5	8	7	3	9	1
6	8	2	4	3	5	7	1	9
1	5	4	7	9	8	6	2	3
7	3	9	2	1	6	5	4	8

2

GENTLE MODERATE TOUGH FIENDISH

	2	7		6				
			2		1		8	
				7	5	6		
9		3				7		
	4	2				9	1	
		6				8		4
		4	5	9			6	
	9		6		8			
				2		4	3	

3

| GENTLE | MODERATE | TOUGH | FIENDISH |

8	6				2			
		5	6	3		4	8	
		7						
5	1		2	6	4			
		2				8		
			9	8	1		4	5
						3		
	3	4		5	6	9		
			1				7	8

| GENTLE | **MODERATE** | TOUGH | FIENDISH |

1								
	4			7	9		5	
5					6		8	2
4		2	7					
		8				4		
					4	7		3
3	7		5					4
	5		6	4			7	
								1

5

			7				1	
		4		5	8		6	
		8			6		2	
			8			6	3	2
9	6	7			4			
	3		9			2		
	5		6	4		7		
	8				5			

6

GENTLE | MODERATE | **TOUGH** | FIENDISH

1		2			3			
	7	9	8			5		
	3					7		6
2			7	1		6		
		3		2		8		
		6		3	8			7
9		7					6	
		8			4	3	7	
			6			4		5

7

GENTLE | **MODERATE** | TOUGH | FIENDISH

			2	9				
		5	4					
	9				1	7	2	5
9	6				8			
1	8						5	7
			3				8	1
4	2	1	5				7	
					9	5		
				2	4			

8

GENTLE　MODERATE　**TOUGH**　FIENDISH

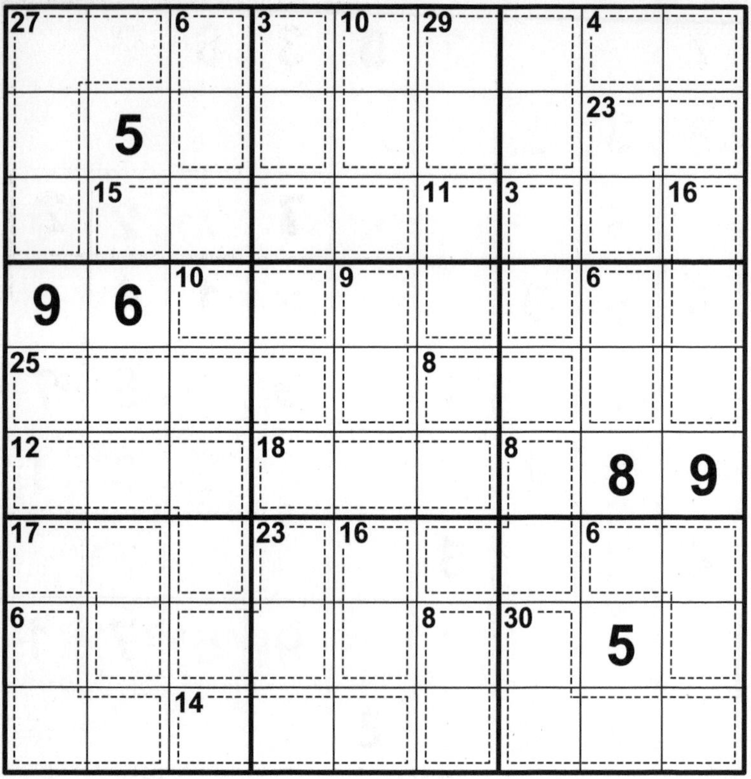

9

GENTLE MODERATE TOUGH FIENDISH

7				5	3	6	9	
8	3							
					7			2
		3				1	4	
			1		9			
	5	4				8		
4			3					
							7	1
	7	2	5	6				3

10

	8			5			3	4
		5		4		8		
1	3		2	6				
			5	8				
	9	8				1	7	
				9	2			
				7	3		2	8
		6		1		7		
3	5			2			1	

11

GENTLE | **MODERATE** | TOUGH | FIENDISH

			7		6			
			1	3		4		9
8		5			4		7	6
	2							3
6								5
3							8	
5	1		8			3		2
9		8		2	1			
			6		5			

GENTLE   MODERATE   TOUGH   **FIENDISH**

9				3	4			5
	7		8					
	5			7		3	8	
1	2	6						
5			1		9			2
						1	4	7
	3	8		9			6	
					7		9	
2			5	6				3

GENTLE MODERATE TOUGH FIENDISH

	5			8			4	6
			4	9		1		
	4		6			9		
7		6						2
	3						7	
5						8		3
		5			7		1	
		2		3	4			
4	7			2			6	

14

GENTLE · **MODERATE** · TOUGH · FIENDISH

15

		4		7			6	
2	1				4		5	3
		9			3			8
			4				3	
				5				
	4				6			
6			8			3		
3	5		6				4	1
	9			2		8		

16

GENTLE MODERATE TOUGH FIENDISH

2					3	6		
4				9		5		
	5		6	2		3		
					9			4
	1						9	
6			8					
		3		1	7		6	
		4		8				5
		5	3					2

GENTLE   MODERATE   **TOUGH**   FIENDISH

	5	3			4	1		6
								2
2		6			7	3		
1	2			6	5			
5								9
			7	4			1	8
		5	8			9		1
8								
3		1	6			8	2	

18

1					7		9	
3			8			7		
				9	2			8
6	7	9				5		
		5	9		1	4		
		1				8	3	9
5			3	6				
		8			4			3
	6		7					5

19

GENTLE   MODERATE   TOUGH   **FIENDISH**

	4	3						9
				1	6		3	
			9				6	
8						6		2
	5		1		8		9	
2		7						3
	6				7			
	3		2	6				
1						7	2	

GENTLE | MODERATE | TOUGH | **FIENDISH**

21

GENTLE | **MODERATE** | TOUGH | FIENDISH

		5		2		9	4	
					8			2
	2				1		8	5
	4					3		9
7								6
6		3					5	
5	1		4				9	
2			7					
	6	4		3		2		

22

GENTLE   MODERATE   TOUGH   **FIENDISH**

		4			3			
		7	1				9	8
		5				6	3	4
		9	6					7
	3						5	
6					2	3		
1	8	6				4		
5	4				7	9		
			8			2		

GENTLE   MODERATE   TOUGH   FIENDISH

	6	1						
			4	3			7	
7			5			1		3
		7	9	8				
	3	2				7	8	
				1	3	9		
1		8			4			9
	9			6	7			
						8	5	

24

6		5		9		3		1
	3	4			5			
			3	4			9	
5	4			6				
			2		1			
				7			6	2
	6			5	3			
			1			6	2	
3		7		2		8		4

GENTLE **MODERATE** TOUGH FIENDISH

	7		4				8	9
8			9	1		4		
		4			7			
1	3			6			4	
	2			3			9	8
			3			8		
		8		5	1			3
9	6				8		7	

26

GENTLE · MODERATE · **TOUGH** · FIENDISH

JUMBO SUDOKU POCKET

GENTLE · **MODERATE** · TOUGH · FIENDISH

		9	2				3	
	1		6	4					7
	8		6	3				
	2		1					8
		3				6		
5					4		2	
				7	6		8	
3					1	7		2
	5				9	4		

28

GENTLE   MODERATE   TOUGH   **FIENDISH**

		2			8		7	
			3	6				9
3			1			6		
	7	3		5				
			2		3			
				4		5	6	
		1			4			2
9				8	2			
	4		9			7		

29

		1						
	9			2		1		3
3	7			9	8		2	6
	6				9			
2			8		1			9
			7				8	
6	4		9	1			5	8
7		5		4			6	
						3		

30

GENTLE | **MODERATE** | TOUGH | FIENDISH

	8	1		9				
					6			
			1	2		9		8
	2						5	9
6			2		1			7
3	7						2	
7		9		1	5			
			6					
				4		5	3	

31

GENTLE   MODERATE   **TOUGH**   FIENDISH

	9				7	8		
		2		5				
	6	4			9			1
			9	8		6		
4		6				9		8
		3		6	5			
3			5			4	7	
				7		2		
		9	2				8	

32

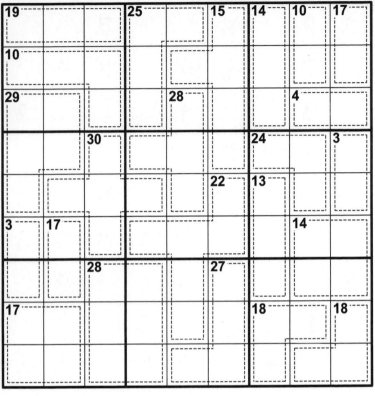

33

5	2		9			7		
	7		6			3	4	
	3			1				9
3	1	8	5					
					1	9	5	8
2				6			9	
	8	1			5		7	
		5			3		1	4

34

4	8	9						
					1			
5			8			3	7	
6		5		3	7	9		
	9						3	
		3	9	4		2		6
	3	1			9			2
			5					
						4	6	3

GENTLE **MODERATE** TOUGH FIENDISH

				4				
			7	9		1		3
	9		1				5	7
			2			7		
1		4				5		9
		8			9			
7	5				6		4	
8		6		2	4			
				3				

36

GENTLE   MODERATE   **TOUGH**   FIENDISH

3		6				5		
		1	8				4	
			6	4	5		1	
				6		8		1
7			3		1			2
4		8		5				
	5		2	3	8			
	8				7	9		
		3				1		5

37

GENTLE   MODERATE   TOUGH   FIENDISH

					4			
5	1	8		3				
4				5		9	2	
	8	5		2				
		4	1		9	5		
				8		1	3	
	5	6		9				1
				4		3	5	7
			7					

38

GENTLE · **MODERATE** · TOUGH · FIENDISH

GENTLE   MODERATE   **TOUGH**   FIENDISH

7				8				
2					4	5	3	
6					2		4	
		6		4			7	
5								6
	7			1		9		
	5		1					7
	2	3	6					5
				9				2

40

GENTLE MODERATE TOUGH **FIENDISH**

JUMBO SUDOKU POCKET

			6	4		2		7
2		3					1	
		5	3					
			2		7			9
1			9		3			4
6			5		4			
					6	4		
	1					7		5
8		7		5	9			

GENTLE MODERATE **TOUGH** FIENDISH

6				7	4			
							8	
		2		1	3	7		6
	8				6		3	2
	2						1	
5	3		7				4	
2		7	4	8		9		
	9							
			6	3				4

42

GENTLE   MODERATE   TOUGH   **FIENDISH**

							8	2
4				2	7		5	
		1	5		8			
		7			6			5
2	5		8		4		3	9
3			1			8		
			4		5	3		
	8		2	3				7
5	9							

43

GENTLE MODERATE TOUGH FIENDISH

	3		5		4			6
	2	9				5		
4	1		3					
7			1				2	
		6		8		4		
	8				6			7
					5		6	3
		2				1	7	
3			6		7		4	

44

GENTLE   **MODERATE**   TOUGH   FIENDISH

45

GENTLE MODERATE TOUGH **FIENDISH**

					9	1		6
5		1		2	8			
							2	
2	5						7	
		6		7				
	9						1	4
	3							
		9	3		4		5	
8		6	1					

46

		1	8			6	9	
7	4	9			3			8
	8				2			
2	5			9				1
4				5			7	2
			4				3	
9			2			8	6	7
	3	5			1	4		

47

					5	9		2
9			8	4	3			6
5	7			9			8	
	8		1		2		3	
	1			7			5	4
3			4	8	6			5
8		4	9					

48

	4	5		8	7			9
	6				9			
	7		6					8
			8	4				
8		3				1		5
				5	3			
7					4		5	
			5				1	
4			3	9		8	2	

GENTLE | **MODERATE** | TOUGH | FIENDISH

	6			7				
7		2	8	9				4
	8				3	2	7	
	3	6			9			5
8			1			3	2	
	2	8	9				4	
1				8	4	5		6
				6			8	

50

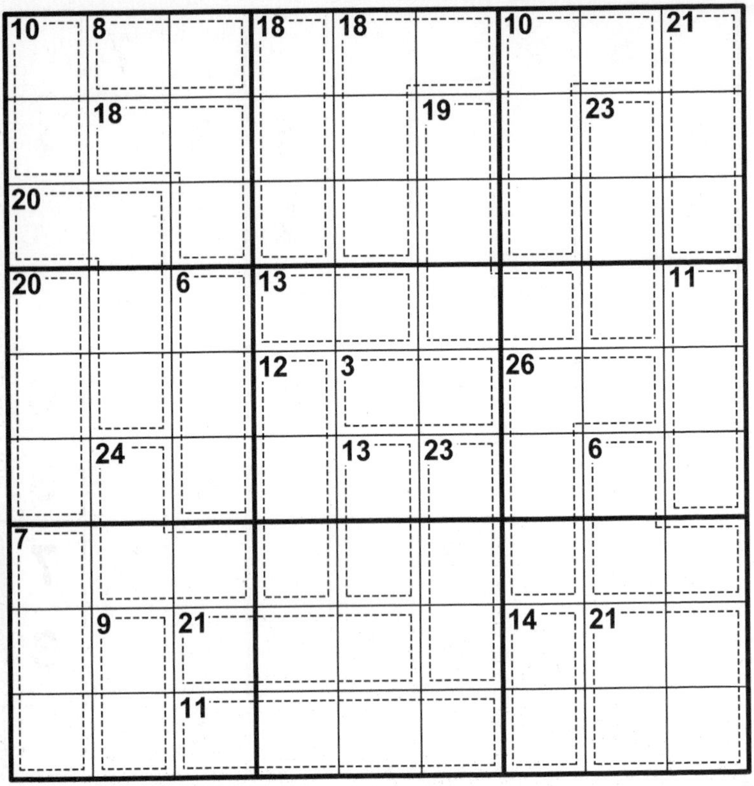
10
8
18
18
10
21
18
19
23
20
20
6
13
11
12
3
26
24
13
23
6
7
9
21
14
21
11

51

GENTLE | MODERATE | TOUGH | **FIENDISH**

		9					7	
4					1	3		
5					2			
9		7					1	
2			8		5			6
	1					4		8
			9					7
		8	6					3
	5					8		

52

						2		3
2		1	9		7			6
6	5						1	
				4	2			8
		7		5		1		
1			8	7				
	1						6	4
4			7		1	8		2
5		6						

GENTLE | MODERATE | **TOUGH** | FIENDISH

			8			3		
		6	9				4	
2					3	5		7
					7		8	2
4								9
9	8		6					
5		4	3					1
	1				6	8		
		3			2			

54

GENTLE · **MODERATE** · TOUGH · FIENDISH

						7	1	
	8				4			
5		1	7				8	
4			2	3				
1		3				8		9
				9	6			7
	7				1	6		4
			8				5	
	5	6						

55

			5	4				
					7		8	
	7	6	8					9
		7		9	6	8		
2								5
		3	7	5		1		
4					8	6	3	
	6		9					
				1	5			

56

57

4						8	3	
			3					
		6	9	7			4	
		4		1	5			9
5			4		8			1
8			7	2		4		
	3			5	7	2		
					6			
	1	5						3

58

GENTLE | **MODERATE** | TOUGH | FIENDISH

8	5					2		
4		7	9				4	
6		4			3			
	1			2		7		
		8	7		6	3		
		5		8			1	
			4			5		7
	7				5	1		
		6					2	4

59

GENTLE   MODERATE   **TOUGH**   FIENDISH

						1	3	6
	3	8		5	6			
							4	
			9	4		7	8	
		5				4		
	8	3		7	5			
	4							
			7	6		2	9	
7	2	6						

GENTLE   MODERATE   TOUGH   **FIENDISH**

5							9	
	8	2	5					4
4			2	6				
7		3				1	8	
	1	8				3		5
				3	4			1
6					1	9	4	
	7							8

61

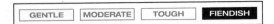

GENTLE · MODERATE · TOUGH · **FIENDISH**

			6	5	2		8	
	1	2						
3			1					4
5		7		8				
	2						3	
				3		4		2
4					6			3
						6	5	
	5		3	1	7			

GENTLE   MODERATE   **TOUGH**   FIENDISH

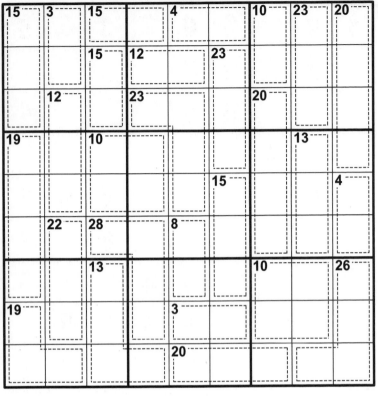

63

GENTLE MODERATE TOUGH **FIENDISH**

1	9			6		3		5
	2		9	7				
			5	3				
		6						
3	5	8				4	9	7
						8		
				1	4			
				8	3		7	
4		2		5			1	3

64

4					3			
	5		7			8		4
		9		1	6			2
					9	1		
	3	2				7	4	
		6	1					
8			6	2		9		
3		7			4		2	
			3					8

GENTLE　MODERATE　TOUGH　FIENDISH

	4		3					
3		6						5
		8	7				9	1
				3		6		9
		2	1		6	8		
7		4		2				
4	7				1	9		
8						5		7
					3		8	

66

GENTLE   MODERATE   TOUGH   FIENDISH

		1						4
			9	6		7		5
				4	3			9
						8	1	
	2			1			9	
	3	8						
7			8	3				
8		6		7	5			
4						9		

67

GENTLE   **MODERATE**   TOUGH   FIENDISH

Puzzle 68

	9					3		
	4	2			7		5	
				1		2	9	4
9			7					5
		5	3		6	9		
					1	7		2
5	8	3	1	6		4	2	
2	7	9	8			1	6	3
		4		7		5	8	

68

GENTLE   MODERATE   TOUGH   **FIENDISH**

69

		3	4					
	1			5	6	8		
9							4	7
					2	6		
7								8
		4	5					
1	9							4
		2	9	8			5	
					4	3		

70

GENTLE | MODERATE | **TOUGH** | FIENDISH

5			6	7				
	7		8				3	2
8	6							
		2		3				
		6	4		1	9		
				2		8		
							5	8
3	4				2		6	
				6	9			4

71

8				7	1		3	
		3				2	1	8
			6			1		2
	7	8	3		5	6	4	
2		9			4			
9	8	2				3		
	3		5	8				6

72

	3	8	5	4				
9	4	6						8
	1				9			
			2	8				7
	8						6	
1				3	7			
			3				4	
4						7	5	2
				2	6	3	1	

		7	8		2			
			1				8	7
				7		3	9	
3				2				
1		9				8		4
				8				6
	7	5		6				
4	1				9			
			2		7	9		

74

75

GENTLE MODERATE **TOUGH** FIENDISH

2					3	6	8	
5								
			4		8	9		
			3	6			9	
8	6						3	1
	7			8	4			
		5	7		6			
								2
	2	7	5					8

76

GENTLE MODERATE TOUGH **FIENDISH**

3			4			6		2
	2		3	7			4	
			8		5			
		7			2	5		
5	9						2	8
		4	6			7		
			5		9			
	8			1	3		9	
7		9			4			6

77

					6			
8	5	7		1		2		
6			2			8		7
					2		9	4
			9		3			
2	3		1					
4		8			9			6
		6		7		5	3	8
			6					

78

				9	4	7		1
	8	7					6	
			2	7			4	
	1			2		6		5
	2						3	
3		4		8			2	
	5			4	6			
	7					9	1	
8		9	7	1				

GENTLE MODERATE TOUGH FIENDISH

					5	8		
			1		6	3	9	
9		3						2
			6				5	1
			8	7	9			
3	4				2			
4						1		3
	7	5	2		3			
		6	9					

80

GENTLE | **MODERATE** | TOUGH | FIENDISH

GENTLE | MODERATE | TOUGH | FIENDISH

4		3			8		1	
								8
		6		5	1	3		
3			5			2		
	1						9	
		8			4			1
		1	7	2		6		
5								
	2		4			1		7

82

GENTLE   MODERATE   **TOUGH**   FIENDISH

GENTLE   MODERATE   **TOUGH**   FIENDISH

				4	5			
						6		9
	9	4	8		3		5	
3	7							5
		5				3		
1							2	4
	6		2		4	8	9	
7		8						
			1	5				

84

GENTLE MODERATE TOUGH **FIENDISH**

			7				4	
				9		1		3
	7		6			5		
2	6	9						7
8								5
5						9	8	6
		4			8		6	
1		3		2				
	2				3			

85

GENTLE   MODERATE   TOUGH   **FIENDISH**

7			9				5	
		6		5	4	1		
9		5	3					
8			4	6				
	9						3	
				1	3			8
					7	2		6
		1	2	3		5		
	7				5			4

86

GENTLE | **MODERATE** | TOUGH | FIENDISH

GENTLE **MODERATE** TOUGH FIENDISH

	1			8		4		
				5		6	9	
			3			7		2
	3	7	1		6		4	8
2	8		7		5	9	6	
1		5			4			
	2	9		1				
		3		2			1	

88

	1		2		7		6	4
		2			6			
			8	4			7	
		3						6
4		9				8		5
6						3		
	3			5	2			
			1			6		
5	2		6		8		1	

GENTLE   MODERATE   **TOUGH**   FIENDISH

					2	1		
	1	3	8			6		
				7				9
				4			2	7
	6		7		3		8	
9	4			1				
8				3				
		1			4	5	3	
		4	6					

90

GENTLE   MODERATE   TOUGH   **FIENDISH**

		5	4			7		
9	7		6					4
1								3
		3			1		2	
	1			2			9	
	9		8			6		
6								7
4					9		3	2
		7			2	8		

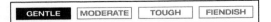

GENTLE | MODERATE | TOUGH | FIENDISH

2								
	3	6						1
		4		7	5	6	9	
		5			4		8	6
8	6		3			5		
	9	8	7	4		3		
6						4	1	
								5

92

GENTLE   MODERATE   TOUGH   **FIENDISH**

					1			9
				2			6	7
8		7				4		
6			8		4	3		
		2	5		9			8
		3				8		1
5	9			6				
7			9					

GENTLE MODERATE **TOUGH** FIENDISH

				7				
		7	8		6			5
	8	2	3	5				7
					4		9	
3	4						8	1
	2		9					
4				8	2	5	6	
7			4		3	2		
				9				

95

			6					9
8			7					4
6	4					3		
		7		9		8		
	3		1		2		7	
		2		6		5		
		9					4	2
7					4			8
1					8			

96

GENTLE **MODERATE** TOUGH FIENDISH

		8	6		4		2	
	7			9	8			
		4	5					3
	9			8				2
		2				1		
3				1			4	
4					9	6		
			8	4			5	
	1		2		5	7		

GENTLE MODERATE TOUGH FIENDISH

	2							
		8	6	9	5			
9				3		7	5	
4	1				6			
	7		9		3		8	
			4				6	9
	9	5		8				6
			1	7	2	9		
							3	

98

GENTLE | **MODERATE** | TOUGH | FIENDISH

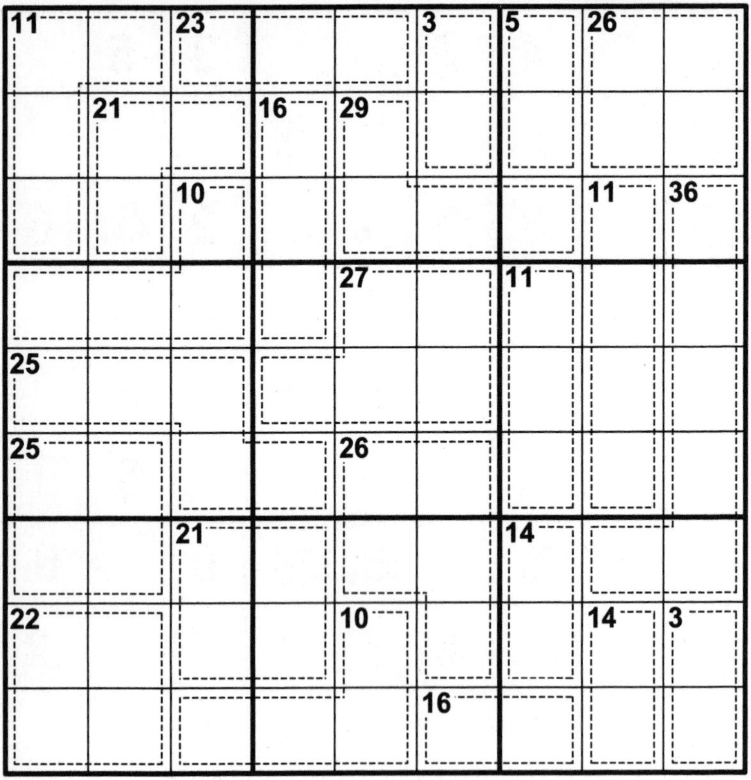
11
23
3
5
26
21
16
29
10
11
36
27
11
25
25
26
21
14
22
10
14
3
16

99

GENTLE MODERATE **TOUGH** FIENDISH

		4	7			3	5	
5					6			
		3	5			2		6
	5			2		4	1	
	2	6		4			9	
3		5			8	9		
			4					2
	6	9			7	1		

100

					8			
		1		6	5	2		
8	4	5					7	
		3			4		2	
6				2				3
	1		7			9		
	3					8	1	9
		8	9	1		5		
			3					

101

GENTLE MODERATE **TOUGH** FIENDISH

		9	5			6		1
2			3	7				
4			8				2	
	1						9	8
		2				7		
8	9						3	
	4				3			2
				5	1			4
6		5			2	9		

102

GENTLE · MODERATE · **TOUGH** · FIENDISH

		1	4		8	3		
							7	
				1		2		9
4			1		6		5	
5		2				7		8
	8		2		5			3
6		7		2				
	1							
		8	5		3	1		

GENTLE MODERATE TOUGH FIENDISH

			6	5	1			9
		4	2					
	6				9	5		
5	9		7				3	
1								8
	2				8		1	7
		9	3				7	
					7	6		
8			4	6	2			

104

GENTLE MODERATE TOUGH FIENDISH

105

			8		6		4	
								7
		7		9			1	5
5	3	2			4			
7								3
			3			9	2	1
6	1			4		3		
2								
	4		2		5			

106

GENTLE | MODERATE | TOUGH | **FIENDISH**

7					9		2	
							5	8
		4		1				
			2		8		6	3
3		6	1		5	7		2
1	4		6		3			
				8		5		
4	3							
	2		3					4

GENTLE   MODERATE   TOUGH   **FIENDISH**

1	5							
					1			7
6					7	5	9	
		6	1	2			5	
	1	4				9	3	
	2			3	4	1		
	7	8	2					6
9			4					
							4	9

108

3	2		4					9
		4	5	7				
1				3			4	5
4		9						
		8				5		
						6		7
6	5			9				1
				8	3	9		
8					4		2	3

109

GENTLE   MODERATE   TOUGH   FIENDISH

3		9			8	6		
4							7	
				5	3		4	
7			1	9	5		8	
	9		7	3	2			1
	7		5	4				
	1							4
		6	2			5		3

110

| GENTLE | MODERATE | TOUGH | **FIENDISH** |

GENTLE | **MODERATE** | TOUGH | FIENDISH

	8			5	6			
5		6					8	
	2			8				
4					2	1		
3		1				7		4
		2	3					5
				3			1	
	7					3		9
			5	7			4	

112

GENTLE MODERATE **TOUGH** FIENDISH

	8			2				
			8				2	4
		5	1	7			3	
		2						9
		1	9		7	8		
9						7		
	4			6	8	5		
3	9				4			
				9			1	

GENTLE   MODERATE   TOUGH   **FIENDISH**

	6	5			2	4		
1	8	3						
			7					
2	9	4				3		
	3		2		5		4	
		6				1	2	8
					4			
						2	6	1
		7	1			9	8	

GENTLE   MODERATE   TOUGH   **FIENDISH**

	6	3			8			
				7	9			
						9	4	2
	4				5	7		
	2		9	3	1		6	
		9	4				5	
1	7	2						
			7	1				
			6			8	7	

115

GENTLE   MODERATE   TOUGH   FIENDISH

5	3		7			4		
					1	2		
				4				3
		2		5	8			4
	6						9	
4			2	7		1		
3				2				
		6	3					
		5			7		1	8

116

GENTLE | MODERATE | **TOUGH** | FIENDISH

7					9	8	5	
					2	4		
			6			9		3
9		1	7					
6								2
					4	3		5
4		3			1			
		9	5					
	6	2	4					1

118

	1					3		2
		2		9		4		
				8	4			9
				3	8	5	4	
	5	8	7	4				
9			1	2				
		3		6		8		
2		1					6	

GENTLE | **MODERATE** | TOUGH | FIENDISH

				4				5
					3	6		
	9				6	7	8	
2		5	8					
	8	3				5	4	
					5	8		9
	6	9	1				2	
		8	7					
3				6				

120

GENTLE | MODERATE | **TOUGH** | FIENDISH

		1	6					
3				7			5	9
		8					4	
9	7		5					
		6				7		
					3		8	2
	6					5		
5	4			9				3
					4	2		

121

GENTLE MODERATE TOUGH **FIENDISH**

	8				3			
		5						8
1	3		7			2		
		6	4	1			9	
3								4
	9			8	2	5		
		2			7		5	9
5						4		
			6				7	

122

GENTLE   MODERATE   TOUGH   **FIENDISH**

123

GENTLE | MODERATE | TOUGH | **FIENDISH**

SOLUTIONS

1

2	6	3	4	8	7	1	5	9
9	5	7	1	3	2	6	4	8
8	1	4	5	9	6	7	2	3
4	3	1	9	5	8	2	7	6
5	7	8	6	2	1	9	3	4
6	2	9	3	7	4	5	8	1
7	9	6	8	4	5	3	1	2
3	4	2	7	1	9	8	6	5
1	8	5	2	6	3	4	9	7

2

9	7	5	6	2	3	1	8	4
2	6	1	8	7	4	9	3	5
3	4	8	1	5	9	2	7	6
5	9	7	3	4	1	8	6	2
8	1	3	9	6	2	4	5	7
4	2	6	5	8	7	3	9	1
6	8	2	4	3	5	7	1	9
1	5	4	7	9	8	6	2	3
7	3	9	2	1	6	5	4	8

3

5	2	7	8	6	4	3	9	1
4	6	9	2	3	1	5	8	7
1	3	8	9	7	5	6	4	2
9	1	3	4	8	2	7	5	6
8	4	2	7	5	6	9	1	3
7	5	6	3	1	9	8	2	4
2	7	4	5	9	3	1	6	8
3	9	1	6	4	8	2	7	5
6	8	5	1	2	7	4	3	9

4

8	6	3	4	1	2	5	9	7
1	9	5	6	3	7	4	8	2
4	2	7	5	9	8	1	6	3
5	1	8	2	6	4	7	3	9
9	4	2	3	7	5	8	1	6
3	7	6	9	8	1	2	4	5
6	8	1	7	2	9	3	5	4
7	3	4	8	5	6	9	2	1
2	5	9	1	4	3	6	7	8

5

1	2	6	3	5	8	9	4	7
8	4	3	2	7	9	1	5	6
5	9	7	4	1	6	3	8	2
4	3	2	7	9	5	6	1	8
7	6	8	1	3	2	4	9	5
9	1	5	8	6	4	7	2	3
3	7	9	5	8	1	2	6	4
2	5	1	6	4	3	8	7	9
6	8	4	9	2	7	5	3	1

6

6	9	5	7	3	2	8	1	4
2	7	4	1	5	8	9	6	3
3	1	8	4	9	6	5	2	7
5	4	1	8	7	9	6	3	2
8	2	3	5	6	1	4	7	9
9	6	7	3	2	4	1	8	5
4	3	6	9	8	7	2	5	1
1	5	2	6	4	3	7	9	8
7	8	9	2	1	5	3	4	6

7

1	6	2	5	7	3	9	8	4
4	7	9	8	6	1	5	2	3
8	3	5	2	4	9	7	1	6
2	8	4	7	1	5	6	3	9
7	9	3	4	2	6	8	5	1
5	1	6	9	3	8	2	4	7
9	4	7	3	5	2	1	6	8
6	5	8	1	9	4	3	7	2
3	2	1	6	8	7	4	9	5

8

3	7	6	2	9	5	4	1	8
2	1	5	4	8	7	3	9	6
8	9	4	6	3	1	7	2	5
9	6	7	1	5	8	2	3	4
1	8	3	9	4	2	6	5	7
5	4	2	3	7	6	9	8	1
4	2	1	5	6	3	8	7	9
6	3	8	7	1	9	5	4	2
7	5	9	8	2	4	1	6	3

9

7	9	4	2	6	8	5	1	3
3	5	2	1	4	9	7	6	8
8	1	6	5	3	7	2	9	4
9	6	7	3	8	4	1	2	5
5	8	3	9	1	2	6	4	7
4	2	1	7	5	6	3	8	9
6	7	5	8	9	1	4	3	2
2	4	9	6	7	3	8	5	1
1	3	8	4	2	5	9	7	6

10

7	2	1	4	5	3	6	9	8
8	3	9	2	1	6	7	5	4
5	4	6	8	9	7	3	1	2
2	9	3	6	8	5	1	4	7
6	8	7	1	4	9	2	3	5
1	5	4	7	3	2	8	6	9
4	1	5	3	7	8	9	2	6
3	6	8	9	2	4	5	7	1
9	7	2	5	6	1	4	8	3

11

6	8	9	7	5	1	2	3	4
2	7	5	3	4	9	8	6	1
1	3	4	2	6	8	9	5	7
4	1	2	5	8	7	3	9	6
5	9	8	4	3	6	1	7	2
7	6	3	1	9	2	4	8	5
9	4	1	6	7	3	5	2	8
8	2	6	9	1	5	7	4	3
3	5	7	8	2	4	6	1	9

12

1	9	4	7	5	6	2	3	8
7	6	2	1	3	8	4	5	9
8	3	5	2	9	4	1	7	6
4	2	9	5	8	7	6	1	3
6	8	7	4	1	3	9	2	5
3	5	1	9	6	2	7	8	4
5	1	6	8	7	9	3	4	2
9	4	8	3	2	1	5	6	7
2	7	3	6	4	5	8	9	1

13

9	8	1	6	3	4	7	2	5
3	7	4	8	2	5	9	1	6
6	5	2	9	7	1	3	8	4
1	2	6	7	4	3	8	5	9
5	4	7	1	8	9	6	3	2
8	9	3	2	5	6	1	4	7
7	3	8	4	9	2	5	6	1
4	6	5	3	1	7	2	9	8
2	1	9	5	6	8	4	7	3

14

2	5	9	1	8	3	7	4	6
8	6	7	4	9	2	1	3	5
1	4	3	6	7	5	9	2	8
7	8	6	3	1	9	4	5	2
9	3	4	2	5	8	6	7	1
5	2	1	7	4	6	8	9	3
3	9	5	8	6	7	2	1	4
6	1	2	9	3	4	5	8	7
4	7	8	5	2	1	3	6	9

15

5	9	6	4	2	1	3	8	7
2	3	8	9	7	6	4	5	1
1	7	4	3	8	5	6	9	2
3	5	9	7	1	4	2	6	8
8	4	2	5	6	3	1	7	9
7	6	1	2	9	8	5	3	4
4	1	3	8	5	7	9	2	6
9	8	5	6	4	2	7	1	3
6	2	7	1	3	9	8	4	5

16

8	3	4	5	7	2	1	6	9
2	1	6	9	8	4	7	5	3
5	7	9	1	6	3	4	2	8
9	6	2	4	1	8	5	3	7
7	8	3	2	5	9	6	1	4
1	4	5	7	3	6	9	8	2
6	2	7	8	4	1	3	9	5
3	5	8	6	9	7	2	4	1
4	9	1	3	2	5	8	7	6

17

2	9	1	4	5	3	6	8	7
4	3	6	7	9	8	5	2	1
8	5	7	6	2	1	3	4	9
3	7	2	1	6	9	8	5	4
5	1	8	2	3	4	7	9	6
6	4	9	8	7	5	2	1	3
9	2	3	5	1	7	4	6	8
7	6	4	9	8	2	1	3	5
1	8	5	3	4	6	9	7	2

18

7	5	3	2	8	4	1	9	6
9	1	4	5	3	6	7	8	2
2	8	6	1	9	7	3	4	5
1	2	8	9	6	5	4	3	7
5	4	7	3	1	8	2	6	9
6	3	9	7	4	2	5	1	8
4	6	5	8	2	3	9	7	1
8	9	2	4	7	1	6	5	3
3	7	1	6	5	9	8	2	4

19

1	8	4	5	3	7	2	9	6
3	9	2	8	4	6	7	5	1
7	5	6	1	9	2	3	4	8
6	7	9	4	8	3	5	1	2
8	3	5	9	2	1	4	6	7
2	4	1	6	7	5	8	3	9
5	2	7	3	6	9	1	8	4
9	1	8	2	5	4	6	7	3
4	6	3	7	1	8	9	2	5

20

6	4	3	5	8	2	1	7	9
9	7	8	4	1	6	2	3	5
5	2	1	9	7	3	8	6	4
8	9	4	7	3	5	6	1	2
3	5	6	1	2	8	4	9	7
2	1	7	6	4	9	5	8	3
4	6	2	8	9	7	3	5	1
7	3	5	2	6	1	9	4	8
1	8	9	3	5	4	7	2	6

21

3	4	1	7	2	9	8	5	6
2	6	8	3	1	5	7	4	9
9	7	5	4	6	8	3	1	2
8	3	9	2	5	1	4	6	7
7	2	4	6	8	3	5	9	1
5	1	6	9	7	4	2	8	3
6	9	7	5	4	2	1	3	8
4	8	3	1	9	7	6	2	5
1	5	2	8	3	6	9	7	4

22

3	8	5	6	2	7	9	4	1
1	7	9	5	4	8	6	3	2
4	2	6	3	9	1	7	8	5
8	4	2	1	5	6	3	7	9
7	5	1	9	8	3	4	2	6
6	9	3	2	7	4	1	5	8
5	1	7	4	6	2	8	9	3
2	3	8	7	1	9	5	6	4
9	6	4	8	3	5	2	1	7

23

8	6	4	9	5	3	7	1	2
3	2	7	1	4	6	5	9	8
9	1	5	7	2	8	6	3	4
4	5	9	6	3	1	8	2	7
2	3	8	4	7	9	1	5	6
6	7	1	5	8	2	3	4	9
1	8	6	2	9	5	4	7	3
5	4	2	3	6	7	9	8	1
7	9	3	8	1	4	2	6	5

24

3	6	1	2	7	8	4	9	5
5	2	9	4	3	1	6	7	8
7	8	4	5	9	6	1	2	3
4	1	7	9	8	2	5	3	6
9	3	2	6	4	5	7	8	1
8	5	6	7	1	3	9	4	2
1	7	8	3	5	4	2	6	9
2	9	5	8	6	7	3	1	4
6	4	3	1	2	9	8	5	7

25

6	2	5	7	9	8	3	4	1
9	3	4	6	1	5	2	7	8
8	7	1	3	4	2	5	9	6
5	4	2	8	6	9	1	3	7
7	9	6	2	3	1	4	8	5
1	8	3	5	7	4	9	6	2
2	6	8	4	5	3	7	1	9
4	5	9	1	8	7	6	2	3
3	1	7	9	2	6	8	5	4

26

6	7	1	4	2	3	5	8	9
8	5	2	9	1	6	4	3	7
3	9	4	5	8	7	2	1	6
1	3	9	8	6	5	7	4	2
4	8	6	7	9	2	3	5	1
5	2	7	1	3	4	6	9	8
2	1	5	3	7	9	8	6	4
7	4	8	6	5	1	9	2	3
9	6	3	2	4	8	1	7	5

27

3	6	2	5	7	1	8	9	4
4	7	1	9	8	3	2	6	5
5	8	9	6	4	2	1	7	3
2	4	8	7	9	5	3	1	6
7	9	6	3	1	4	5	2	8
1	3	5	8	2	6	9	4	7
6	2	7	1	3	8	4	5	9
8	5	4	2	6	9	7	3	1
9	1	3	4	5	7	6	8	2

28

7	4	9	2	1	5	8	3	6
1	3	6	4	9	8	2	5	7
2	8	5	6	3	7	1	9	4
9	2	4	1	6	3	5	7	8
8	7	3	9	5	2	6	4	1
5	6	1	7	8	4	3	2	9
4	1	2	3	7	6	9	8	5
3	9	8	5	4	1	7	6	2
6	5	7	8	2	9	4	1	3

29

6	1	2	4	9	8	3	7	5
7	8	4	3	6	5	1	2	9
3	9	5	1	2	7	6	8	4
4	7	3	8	5	6	2	9	1
5	6	9	2	1	3	8	4	7
1	2	8	7	4	9	5	6	3
8	5	1	6	7	4	9	3	2
9	3	7	5	8	2	4	1	6
2	4	6	9	3	1	7	5	8

30

5	2	1	6	7	3	8	9	4
8	9	6	4	2	5	1	7	3
3	7	4	1	9	8	5	2	6
4	6	8	2	3	9	7	1	5
2	5	7	8	6	1	4	3	9
1	3	9	7	5	4	6	8	2
6	4	3	9	1	7	2	5	8
7	8	5	3	4	2	9	6	1
9	1	2	5	8	6	3	4	7

31

2	8	1	5	9	7	4	6	3
9	4	7	8	3	6	2	1	5
5	3	6	1	2	4	9	7	8
1	2	8	4	7	3	6	5	9
6	9	4	2	5	1	3	8	7
3	7	5	9	6	8	1	2	4
7	6	9	3	1	5	8	4	2
4	5	3	6	8	2	7	9	1
8	1	2	7	4	9	5	3	6

32

1	9	5	3	4	7	8	6	2
8	3	2	1	5	6	7	9	4
7	6	4	8	2	9	5	3	1
2	5	7	9	8	1	6	4	3
4	1	6	7	3	2	9	5	8
9	8	3	4	6	5	1	2	7
3	2	1	5	9	8	4	7	6
5	4	8	6	7	3	2	1	9
6	7	9	2	1	4	3	8	5

33

8	6	5	3	7	1	2	4	9
4	1	3	9	2	5	7	6	8
9	7	2	6	8	4	5	1	3
6	4	1	5	9	3	8	7	2
3	5	7	8	6	2	4	9	1
2	8	9	4	1	7	6	3	5
1	9	6	7	5	8	3	2	4
5	2	4	1	3	6	9	8	7
7	3	8	2	4	9	1	5	6

34

5	2	6	9	3	4	7	8	1
1	7	9	6	5	8	3	4	2
8	3	4	7	1	2	5	6	9
3	1	8	5	7	9	4	2	6
9	5	2	8	4	6	1	3	7
4	6	7	3	2	1	9	5	8
2	4	3	1	6	7	8	9	5
6	8	1	4	9	5	2	7	3
7	9	5	2	8	3	6	1	4

35

4	8	9	3	7	5	6	2	1
3	2	7	6	9	1	8	4	5
5	1	6	8	2	4	3	7	9
6	4	5	2	3	7	9	1	8
8	9	2	1	5	6	7	3	4
1	7	3	9	4	8	2	5	6
7	3	1	4	6	9	5	8	2
2	6	4	5	8	3	1	9	7
9	5	8	7	1	2	4	6	3

36

6	1	7	3	4	5	8	9	2
4	8	5	7	9	2	1	6	3
2	9	3	1	6	8	4	5	7
5	6	9	2	8	1	7	3	4
1	2	4	6	7	3	5	8	9
3	7	8	4	5	9	2	1	6
7	5	2	9	1	6	3	4	8
8	3	6	5	2	4	9	7	1
9	4	1	8	3	7	6	2	5

37

3	4	6	1	2	9	5	7	8
5	9	1	8	7	3	2	4	6
8	2	7	6	4	5	3	1	9
9	3	2	7	6	4	8	5	1
7	6	5	3	8	1	4	9	2
4	1	8	9	5	2	6	3	7
1	5	9	2	3	8	7	6	4
6	8	4	5	1	7	9	2	3
2	7	3	4	9	6	1	8	5

38

9	3	2	6	7	4	8	1	5
5	1	8	9	3	2	4	7	6
4	6	7	8	5	1	9	2	3
1	8	5	4	2	3	7	6	9
3	7	4	1	6	9	5	8	2
6	2	9	5	8	7	1	3	4
7	5	6	3	9	8	2	4	1
8	9	1	2	4	6	3	5	7
2	4	3	7	1	5	6	9	8

39

7	9	3	2	8	1	5	4	6
4	2	6	5	7	3	8	1	9
8	1	5	4	9	6	2	3	7
6	3	8	1	2	9	4	7	5
1	5	7	3	4	8	9	6	2
2	4	9	6	5	7	1	8	3
3	8	1	9	6	5	7	2	4
9	7	2	8	3	4	6	5	1
5	6	4	7	1	2	3	9	8

40

7	4	5	3	8	1	6	2	9
2	8	9	7	6	4	5	3	1
6	3	1	9	5	2	7	4	8
8	1	6	5	4	9	2	7	3
5	9	4	2	3	7	8	1	6
3	7	2	8	1	6	9	5	4
9	5	8	1	2	3	4	6	7
4	2	3	6	7	8	1	9	5
1	6	7	4	9	5	3	8	2

41

9	8	1	6	4	5	2	3	7
2	4	3	7	9	8	5	1	6
7	6	5	3	2	1	9	4	8
3	5	4	2	8	7	1	6	9
1	7	2	9	6	3	8	5	4
6	9	8	5	1	4	3	7	2
5	2	9	1	7	6	4	8	3
4	1	6	8	3	2	7	9	5
8	3	7	4	5	9	6	2	1

42

6	1	9	8	7	4	3	2	5
3	7	5	9	6	2	4	8	1
8	4	2	5	1	3	7	9	6
7	8	4	1	9	6	5	3	2
9	2	6	3	4	5	8	1	7
5	3	1	7	2	8	6	4	9
2	6	7	4	8	1	9	5	3
4	9	3	2	5	7	1	6	8
1	5	8	6	3	9	2	7	4

43

7	6	5	9	1	3	4	8	2
4	3	8	6	2	7	9	5	1
9	2	1	5	4	8	7	6	3
8	1	7	3	9	6	2	4	5
2	5	6	8	7	4	1	3	9
3	4	9	1	5	2	8	7	6
1	7	2	4	6	5	3	9	8
6	8	4	2	3	9	5	1	7
5	9	3	7	8	1	6	2	4

44

8	3	7	5	9	4	2	1	6
6	2	9	8	7	1	5	3	4
4	1	5	3	6	2	7	8	9
7	4	3	1	5	9	6	2	8
2	9	6	7	8	3	4	5	1
5	8	1	2	4	6	3	9	7
1	7	4	9	2	5	8	6	3
9	6	2	4	3	8	1	7	5
3	5	8	6	1	7	9	4	2

45

4	2	9	6	7	8	5	1	3
1	3	8	4	2	5	6	7	9
5	7	6	9	3	1	2	8	4
3	9	1	7	6	2	4	5	8
8	6	2	5	1	4	9	3	7
7	5	4	3	8	9	1	2	6
9	8	5	2	4	7	3	6	1
6	4	7	1	5	3	8	9	2
2	1	3	8	9	6	7	4	5

46

3	2	8	7	4	9	1	5	6
5	6	1	3	2	8	9	4	7
4	7	9	5	6	1	3	2	8
2	5	3	8	1	4	6	7	9
1	8	4	6	9	7	5	3	2
6	9	7	2	5	3	8	1	4
9	3	5	4	8	2	7	6	1
7	1	2	9	3	6	4	8	5
8	4	6	1	7	5	2	9	3

47

5	2	1	8	4	7	6	9	3
7	4	9	5	6	3	2	1	8
3	8	6	9	1	2	7	5	4
2	5	8	7	9	6	3	4	1
1	9	7	3	2	4	5	8	6
4	6	3	1	5	8	9	7	2
6	7	2	4	8	9	1	3	5
9	1	4	2	3	5	8	6	7
8	3	5	6	7	1	4	2	9

48

7	4	5	2	6	9	8	1	3
6	3	8	7	1	5	9	4	2
9	2	1	8	4	3	5	7	6
5	7	3	6	9	4	2	8	1
4	8	6	1	5	2	7	3	9
2	1	9	3	7	8	6	5	4
3	9	7	4	8	6	1	2	5
8	5	4	9	2	1	3	6	7
1	6	2	5	3	7	4	9	8

49

3	4	5	1	8	7	2	6	9
2	6	8	4	3	9	5	7	1
1	7	9	6	2	5	4	3	8
5	2	7	8	4	1	3	9	6
8	9	3	7	6	2	1	4	5
6	1	4	9	5	3	7	8	2
7	8	6	2	1	4	9	5	3
9	3	2	5	7	8	6	1	4
4	5	1	3	9	6	8	2	7

50

3	6	1	4	7	2	9	5	8
7	5	2	8	9	1	6	3	4
9	8	4	6	5	3	2	7	1
4	3	6	7	2	9	8	1	5
2	1	7	5	3	8	4	6	9
8	9	5	1	4	6	3	2	7
6	2	8	9	1	5	7	4	3
1	7	3	2	8	4	5	9	6
5	4	9	3	6	7	1	8	2

51

7	2	6	9	8	1	4	3	5
3	5	9	2	6	4	1	8	7
8	1	4	7	3	5	2	6	9
6	4	2	8	5	7	3	9	1
9	7	3	4	1	2	8	5	6
5	8	1	3	9	6	7	2	4
2	9	7	5	4	8	6	1	3
1	3	8	6	7	9	5	4	2
4	6	5	1	2	3	9	7	8

52

8	3	9	5	4	6	2	7	1
4	6	2	7	9	1	3	8	5
5	7	1	3	8	2	9	6	4
9	8	7	4	6	3	5	1	2
2	4	3	8	1	5	7	9	6
6	1	5	2	7	9	4	3	8
1	2	4	9	3	8	6	5	7
7	9	8	6	5	4	1	2	3
3	5	6	1	2	7	8	4	9

53

9	7	4	5	1	6	2	8	3
2	8	1	9	3	7	5	4	6
6	5	3	4	2	8	9	1	7
3	9	5	1	4	2	6	7	8
8	4	7	6	5	3	1	2	9
1	6	2	8	7	9	4	3	5
7	1	8	2	9	5	3	6	4
4	3	9	7	6	1	8	5	2
5	2	6	3	8	4	7	9	1

54

1	4	7	8	2	5	3	9	6
3	5	6	9	7	1	2	4	8
2	9	8	4	6	3	5	1	7
6	3	5	1	9	7	4	8	2
4	7	1	2	5	8	6	3	9
9	8	2	6	3	4	1	7	5
5	2	4	3	8	9	7	6	1
7	1	9	5	4	6	8	2	3
8	6	3	7	1	2	9	5	4

55

6	4	9	5	8	3	7	1	2
7	8	2	6	1	4	9	3	5
5	3	1	7	2	9	4	8	6
4	9	7	2	3	8	5	6	1
1	6	3	4	7	5	8	2	9
8	2	5	1	9	6	3	4	7
2	7	8	3	5	1	6	9	4
9	1	4	8	6	7	2	5	3
3	5	6	9	4	2	1	7	8

56

8	1	2	5	4	9	3	7	6
9	3	4	1	6	7	5	8	2
5	7	6	8	2	3	4	1	9
1	5	7	4	9	6	8	2	3
2	4	9	3	8	1	7	6	5
6	8	3	7	5	2	1	9	4
4	9	5	2	7	8	6	3	1
7	6	1	9	3	4	2	5	8
3	2	8	6	1	5	9	4	7

57

3	8	7	6	9	2	1	5	4
6	5	4	8	1	3	7	9	2
1	2	9	7	4	5	8	6	3
5	6	2	3	8	7	9	4	1
8	9	1	5	2	4	6	3	7
7	4	3	1	6	9	5	2	8
9	7	5	4	3	8	2	1	6
4	1	8	2	5	6	3	7	9
2	3	6	9	7	1	4	8	5

58

4	7	9	5	6	1	8	3	2
1	5	2	3	8	4	9	6	7
3	8	6	9	7	2	1	4	5
7	2	4	6	1	5	3	8	9
5	6	3	4	9	8	7	2	1
8	9	1	7	2	3	4	5	6
6	3	8	1	5	7	2	9	4
9	4	7	2	3	6	5	1	8
2	1	5	8	4	9	6	7	3

59

8	5	3	6	4	1	2	7	9
1	2	7	9	5	8	6	4	3
6	9	4	2	7	3	8	5	1
3	1	9	5	2	4	7	6	8
2	4	8	7	1	6	3	9	5
7	6	5	3	8	9	4	1	2
9	3	1	4	6	2	5	8	7
4	7	2	8	9	5	1	3	6
5	8	6	1	3	7	9	2	4

60

5	9	4	8	2	7	1	3	6
1	3	8	4	5	6	9	7	2
2	6	7	1	3	9	5	4	8
6	1	2	9	4	3	7	8	5
9	7	5	6	8	1	4	2	3
4	8	3	2	7	5	6	1	9
8	4	9	5	1	2	3	6	7
3	5	1	7	6	8	2	9	4
7	2	6	3	9	4	8	5	1

61

5	6	1	3	4	7	8	9	2
3	8	2	5	1	9	7	6	4
4	9	7	2	6	8	5	1	3
7	4	3	9	5	2	1	8	6
2	5	6	1	8	3	4	7	9
9	1	8	4	7	6	3	2	5
8	2	9	7	3	4	6	5	1
6	3	5	8	2	1	9	4	7
1	7	4	6	9	5	2	3	8

62

7	4	9	6	5	2	3	8	1
6	1	2	8	4	3	7	9	5
3	8	5	1	7	9	2	6	4
5	3	7	2	8	4	9	1	6
9	2	4	7	6	1	5	3	8
8	6	1	9	3	5	4	7	2
4	7	8	5	9	6	1	2	3
1	9	3	4	2	8	6	5	7
2	5	6	3	1	7	8	4	9

63

5	2	9	6	3	1	7	8	4
4	1	8	7	5	9	3	6	2
6	3	7	2	4	8	1	9	5
7	4	3	1	8	6	5	2	9
8	5	2	4	9	3	6	7	1
1	9	6	5	2	7	8	4	3
3	7	4	9	6	5	2	1	8
9	6	5	8	1	2	4	3	7
2	8	1	3	7	4	9	5	6

64

1	9	7	4	6	2	3	8	5
5	2	3	9	7	8	1	4	6
8	6	4	5	3	1	7	2	9
2	4	6	8	9	7	5	3	1
3	5	8	1	2	6	4	9	7
9	7	1	3	4	5	8	6	2
7	3	9	6	1	4	2	5	8
6	1	5	2	8	3	9	7	4
4	8	2	7	5	9	6	1	3

65

4	2	1	8	5	3	6	9	7
6	5	3	7	9	2	8	1	4
7	8	9	4	1	6	3	5	2
5	7	8	2	4	9	1	3	6
1	3	2	5	6	8	7	4	9
9	4	6	1	3	7	2	8	5
8	1	4	6	2	5	9	7	3
3	6	7	9	8	4	5	2	1
2	9	5	3	7	1	4	6	8

66

1	4	7	3	9	5	2	6	8
3	9	6	8	1	2	7	4	5
2	5	8	7	6	4	3	9	1
5	8	1	4	3	7	6	2	9
9	3	2	1	5	6	8	7	4
7	6	4	9	2	8	1	5	3
4	7	5	2	8	1	9	3	6
8	2	3	6	4	9	5	1	7
6	1	9	5	7	3	4	8	2

67

9	7	1	5	8	2	3	6	4
3	8	4	9	6	1	7	2	5
2	6	5	7	4	3	1	8	9
6	4	9	3	5	7	8	1	2
5	2	7	6	1	8	4	9	3
1	3	8	2	9	4	6	5	7
7	1	2	8	3	9	5	4	6
8	9	6	4	7	5	2	3	1
4	5	3	1	2	6	9	7	8

68

8	9	6	4	2	5	3	7	1
1	4	2	9	3	7	8	5	6
3	5	7	6	1	8	2	9	4
9	3	1	7	8	2	6	4	5
7	2	5	3	4	6	9	1	8
4	6	8	5	9	1	7	3	2
5	8	3	1	6	9	4	2	7
2	7	9	8	5	4	1	6	3
6	1	4	2	7	3	5	8	9

69

8	9	6	5	4	1	3	7	2
5	2	4	3	8	7	6	9	1
7	3	1	2	6	9	5	8	4
1	8	3	9	5	4	2	6	7
6	7	2	1	3	8	9	4	5
4	5	9	7	2	6	8	1	3
9	6	5	4	1	3	7	2	8
2	1	8	6	7	5	4	3	9
3	4	7	8	9	2	1	5	6

70

2	8	3	4	7	9	5	6	1
4	1	7	2	5	6	8	3	9
9	6	5	8	3	1	2	4	7
8	3	9	7	4	2	6	1	5
7	5	1	6	9	3	4	2	8
6	2	4	5	1	8	9	7	3
1	9	6	3	2	5	7	8	4
3	4	2	9	8	7	1	5	6
5	7	8	1	6	4	3	9	2

71

5	2	9	6	7	3	4	8	1
1	7	4	8	9	5	6	3	2
8	6	3	2	1	4	7	9	5
9	1	2	7	3	8	5	4	6
7	8	6	4	5	1	9	2	3
4	3	5	9	2	6	8	1	7
6	9	1	3	4	7	2	5	8
3	4	7	5	8	2	1	6	9
2	5	8	1	6	9	3	7	4

72

5	1	4	8	3	2	9	6	7
8	2	6	9	7	1	4	3	5
7	9	3	4	5	6	2	1	8
3	4	5	6	9	8	1	7	2
1	7	8	3	2	5	6	4	9
2	6	9	7	1	4	5	8	3
9	8	2	1	6	7	3	5	4
4	3	1	5	8	9	7	2	6
6	5	7	2	4	3	8	9	1

73

7	3	8	5	4	2	6	9	1
9	4	6	7	1	3	5	2	8
5	1	2	8	6	9	4	7	3
6	5	9	2	8	4	1	3	7
3	8	7	9	5	1	2	6	4
1	2	4	6	3	7	9	8	5
2	9	1	3	7	5	8	4	6
4	6	3	1	9	8	7	5	2
8	7	5	4	2	6	3	1	9

74

5	3	7	8	9	2	4	6	1
2	9	6	1	4	3	5	8	7
8	4	1	6	7	5	3	9	2
3	6	8	5	2	4	7	1	9
1	2	9	7	3	6	8	5	4
7	5	4	9	8	1	2	3	6
9	7	5	4	6	8	1	2	3
4	1	2	3	5	9	6	7	8
6	8	3	2	1	7	9	4	5

75

4	8	1	5	7	6	9	2	3
2	5	6	3	8	9	7	1	4
3	7	9	4	1	2	8	5	6
5	9	8	6	2	4	3	7	1
1	4	7	8	5	3	6	9	2
6	2	3	7	9	1	5	4	8
8	1	2	9	3	5	4	6	7
7	6	5	1	4	8	2	3	9
9	3	4	2	6	7	1	8	5

76

2	4	1	9	5	3	6	8	7
5	9	8	6	7	2	1	4	3
7	3	6	4	1	8	9	2	5
1	5	2	3	6	7	8	9	4
8	6	4	2	9	5	7	3	1
3	7	9	1	8	4	2	5	6
4	8	5	7	2	6	3	1	9
6	1	3	8	4	9	5	7	2
9	2	7	5	3	1	4	6	8

77

3	7	8	4	9	1	6	5	2
9	2	5	3	7	6	8	4	1
4	6	1	8	2	5	9	7	3
8	1	7	9	3	2	5	6	4
5	9	6	1	4	7	3	2	8
2	3	4	6	5	8	7	1	9
1	4	3	5	6	9	2	8	7
6	8	2	7	1	3	4	9	5
7	5	9	2	8	4	1	3	6

78

1	9	2	7	8	6	4	5	3
8	5	7	3	1	4	2	6	9
6	4	3	2	9	5	8	1	7
7	6	1	8	5	2	3	9	4
5	8	4	9	6	3	1	7	2
2	3	9	1	4	7	6	8	5
4	1	8	5	3	9	7	2	6
9	2	6	4	7	1	5	3	8
3	7	5	6	2	8	9	4	1

79

5	3	2	6	9	4	7	8	1
4	8	7	3	5	1	2	6	9
6	9	1	2	7	8	5	4	3
7	1	8	4	2	3	6	9	5
9	2	5	1	6	7	4	3	8
3	6	4	5	8	9	1	2	7
1	5	3	9	4	6	8	7	2
2	7	6	8	3	5	9	1	4
8	4	9	7	1	2	3	5	6

80

2	1	7	3	9	5	8	4	6
5	8	4	1	2	6	3	9	7
9	6	3	4	8	7	5	1	2
7	2	8	6	3	4	9	5	1
6	5	1	8	7	9	2	3	4
3	4	9	5	1	2	6	7	8
4	9	2	7	5	8	1	6	3
1	7	5	2	6	3	4	8	9
8	3	6	9	4	1	7	2	5

81

7	5	9	8	6	2	3	1	4
8	3	2	4	1	5	9	7	6
6	4	1	3	9	7	8	5	2
9	2	6	5	4	8	7	3	1
5	1	3	9	7	6	4	2	8
4	7	8	2	3	1	6	9	5
3	6	7	1	2	4	5	8	9
2	9	5	6	8	3	1	4	7
1	8	4	7	5	9	2	6	3

82

4	5	3	6	7	8	9	1	2
1	7	2	9	4	3	5	6	8
9	8	6	2	5	1	3	7	4
3	9	4	5	1	7	2	8	6
7	1	5	8	6	2	4	9	3
2	6	8	3	9	4	7	5	1
8	3	1	7	2	9	6	4	5
5	4	7	1	3	6	8	2	9
6	2	9	4	8	5	1	3	7

83

5	3	1	6	4	9	7	8	2
6	9	7	8	1	2	3	5	4
2	8	4	3	5	7	1	6	9
8	7	5	1	9	6	2	4	3
1	2	3	4	8	5	9	7	6
4	6	9	2	7	3	5	1	8
3	5	6	7	2	4	8	9	1
7	1	2	9	6	8	4	3	5
9	4	8	5	3	1	6	2	7

84

6	1	7	9	4	5	2	3	8
8	5	3	7	2	1	6	4	9
2	9	4	8	6	3	7	5	1
3	7	9	4	8	2	1	6	5
4	2	5	6	1	9	3	8	7
1	8	6	5	3	7	9	2	4
5	6	1	2	7	4	8	9	3
7	4	8	3	9	6	5	1	2
9	3	2	1	5	8	4	7	6

85

9	1	2	7	3	5	6	4	8
4	5	6	8	9	2	1	7	3
3	7	8	6	1	4	5	2	9
2	6	9	5	8	1	4	3	7
8	4	7	3	6	9	2	1	5
5	3	1	2	4	7	9	8	6
7	9	4	1	5	8	3	6	2
1	8	3	9	2	6	7	5	4
6	2	5	4	7	3	8	9	1

86

7	1	2	9	8	6	4	5	3
3	8	6	7	5	4	1	9	2
9	4	5	3	2	1	8	6	7
8	5	3	4	6	9	7	2	1
1	9	4	8	7	2	6	3	5
6	2	7	5	1	3	9	4	8
5	3	9	1	4	7	2	8	6
4	6	1	2	3	8	5	7	9
2	7	8	6	9	5	3	1	4

87

5	2	3	6	8	9	7	1	4
4	8	1	2	7	3	5	6	9
6	9	7	1	5	4	3	2	8
1	6	5	3	2	8	4	9	7
7	3	8	9	4	1	2	5	6
2	4	9	7	6	5	1	8	3
9	5	4	8	1	7	6	3	2
8	7	6	5	3	2	9	4	1
3	1	2	4	9	6	8	7	5

88

6	1	2	9	8	7	4	3	5
3	7	8	4	5	2	6	9	1
9	5	4	3	6	1	7	8	2
5	3	7	1	9	6	2	4	8
4	9	6	2	3	8	1	5	7
2	8	1	7	4	5	9	6	3
1	6	5	8	7	4	3	2	9
8	2	9	6	1	3	5	7	4
7	4	3	5	2	9	8	1	6

89

9	1	8	2	3	7	5	6	4
7	4	2	5	1	6	9	3	8
3	6	5	8	4	9	2	7	1
2	5	3	7	8	4	1	9	6
4	7	9	3	6	1	8	2	5
6	8	1	9	2	5	3	4	7
1	3	6	4	5	2	7	8	9
8	9	4	1	7	3	6	5	2
5	2	7	6	9	8	4	1	3

90

7	8	9	4	6	2	1	5	3
4	1	3	8	5	9	6	7	2
6	2	5	3	7	1	8	4	9
1	3	8	5	4	6	9	2	7
5	6	2	7	9	3	4	8	1
9	4	7	2	1	8	3	6	5
8	5	6	1	3	7	2	9	4
2	7	1	9	8	4	5	3	6
3	9	4	6	2	5	7	1	8

91

2	3	5	4	9	8	7	1	6
9	7	8	6	1	3	2	5	4
1	4	6	2	5	7	9	8	3
8	6	3	9	7	1	4	2	5
7	1	4	5	2	6	3	9	8
5	9	2	8	3	4	6	7	1
6	2	9	3	8	5	1	4	7
4	8	1	7	6	9	5	3	2
3	5	7	1	4	2	8	6	9

92

2	5	9	6	1	3	7	4	8
7	3	6	4	8	9	2	5	1
1	8	4	2	7	5	6	9	3
3	7	5	1	2	4	9	8	6
9	4	2	8	5	6	1	3	7
8	6	1	3	9	7	5	2	4
5	9	8	7	4	1	3	6	2
6	2	7	5	3	8	4	1	9
4	1	3	9	6	2	8	7	5

93

1	5	6	3	4	7	2	9	8
3	4	9	2	8	5	6	7	1
7	2	8	1	6	9	5	4	3
4	9	7	5	2	8	3	1	6
5	8	1	6	9	3	4	2	7
6	3	2	7	1	4	8	5	9
9	7	4	8	3	2	1	6	5
8	6	5	4	7	1	9	3	2
2	1	3	9	5	6	7	8	4

94

3	2	6	7	4	1	5	8	9
9	5	4	3	2	8	1	6	7
8	1	7	6	9	5	4	3	2
6	7	9	8	1	4	3	2	5
1	8	5	2	3	6	9	7	4
4	3	2	5	7	9	6	1	8
2	6	3	4	5	7	8	9	1
5	9	8	1	6	2	7	4	3
7	4	1	9	8	3	2	5	6

95

5	1	4	2	7	9	8	3	6
9	3	7	8	4	6	1	2	5
6	8	2	3	5	1	9	4	7
8	7	5	6	1	4	3	9	2
3	4	9	5	2	7	6	8	1
1	2	6	9	3	8	7	5	4
4	9	1	7	8	2	5	6	3
7	5	8	4	6	3	2	1	9
2	6	3	1	9	5	4	7	8

96

2	7	3	6	4	5	1	8	9
8	9	5	7	3	1	2	6	4
6	4	1	2	8	9	3	5	7
5	6	7	4	9	3	8	2	1
9	3	8	1	5	2	4	7	6
4	1	2	8	6	7	5	9	3
3	8	9	5	1	6	7	4	2
7	5	6	3	2	4	9	1	8
1	2	4	9	7	8	6	3	5

97

1	5	8	6	3	4	9	2	7
2	7	3	1	9	8	4	6	5
9	6	4	5	2	7	8	1	3
5	9	1	4	8	6	3	7	2
6	4	2	7	5	3	1	9	8
3	8	7	9	1	2	5	4	6
4	2	5	3	7	9	6	8	1
7	3	6	8	4	1	2	5	9
8	1	9	2	6	5	7	3	4

98

5	2	1	7	4	8	6	9	3
7	3	8	6	9	5	4	1	2
9	6	4	2	3	1	7	5	8
4	1	9	8	5	6	3	2	7
6	7	2	9	1	3	5	8	4
8	5	3	4	2	7	1	6	9
1	9	5	3	8	4	2	7	6
3	8	6	1	7	2	9	4	5
2	4	7	5	6	9	8	3	1

99

5	3	9	8	6	1	2	7	4
1	8	7	4	5	2	3	9	6
2	6	4	3	9	7	8	1	5
3	2	1	9	8	4	6	5	7
4	9	6	7	3	5	1	2	8
8	7	5	1	2	6	4	3	9
9	1	2	6	7	8	5	4	3
7	4	8	5	1	3	9	6	2
6	5	3	2	4	9	7	8	1

100

6	9	4	7	8	2	3	5	1
5	7	2	1	3	6	8	4	9
8	1	3	5	9	4	2	7	6
9	5	7	6	2	3	4	1	8
4	3	8	9	7	1	6	2	5
1	2	6	8	4	5	7	9	3
3	4	5	2	1	8	9	6	7
7	8	1	4	6	9	5	3	2
2	6	9	3	5	7	1	8	4

101

9	2	6	1	7	8	3	4	5
3	7	1	4	6	5	2	9	8
8	4	5	2	3	9	6	7	1
5	8	3	6	9	4	1	2	7
6	9	7	8	2	1	4	5	3
2	1	4	7	5	3	9	8	6
7	3	2	5	4	6	8	1	9
4	6	8	9	1	7	5	3	2
1	5	9	3	8	2	7	6	4

102

7	3	9	5	2	4	6	8	1
2	8	1	3	7	6	4	5	9
4	5	6	8	1	9	3	2	7
5	1	4	6	3	7	2	9	8
3	6	2	1	9	8	7	4	5
8	9	7	2	4	5	1	3	6
1	4	8	9	6	3	5	7	2
9	2	3	7	5	1	8	6	4
6	7	5	4	8	2	9	1	3

103

7	2	1	4	9	8	3	6	5
8	9	6	3	5	2	4	7	1
3	5	4	6	1	7	2	8	9
4	7	3	1	8	6	9	5	2
5	6	2	9	3	4	7	1	8
1	8	9	2	7	5	6	4	3
6	3	7	8	2	1	5	9	4
2	1	5	7	4	9	8	3	6
9	4	8	5	6	3	1	2	7

104

3	8	2	6	5	1	7	4	9
9	5	4	2	7	3	8	6	1
7	6	1	8	4	9	5	2	3
5	9	8	7	1	4	2	3	6
1	7	3	9	2	6	4	5	8
4	2	6	5	3	8	9	1	7
6	4	9	3	8	5	1	7	2
2	3	5	1	9	7	6	8	4
8	1	7	4	6	2	3	9	5

105

5	3	9	6	8	2	1	7	4
2	1	8	4	7	9	3	6	5
6	7	4	3	1	5	8	9	2
1	9	6	2	5	8	7	4	3
4	8	3	9	6	7	5	2	1
7	5	2	1	3	4	6	8	9
3	2	1	7	4	6	9	5	8
8	4	7	5	9	3	2	1	6
9	6	5	8	2	1	4	3	7

106

1	5	3	8	7	6	2	4	9
9	6	4	5	2	1	8	3	7
8	2	7	4	9	3	6	1	5
5	3	2	9	1	4	7	8	6
7	9	1	6	8	2	4	5	3
4	8	6	3	5	7	9	2	1
6	1	5	7	4	8	3	9	2
2	7	8	1	3	9	5	6	4
3	4	9	2	6	5	1	7	8

107

7	6	8	5	3	9	4	2	1
9	1	3	7	2	4	6	5	8
2	5	4	8	1	6	3	7	9
5	7	9	2	4	8	1	6	3
3	8	6	1	9	5	7	4	2
1	4	2	6	7	3	8	9	5
6	9	1	4	8	2	5	3	7
4	3	7	9	5	1	2	8	6
8	2	5	3	6	7	9	1	4

108

1	5	7	9	4	2	6	8	3
8	9	3	6	5	1	4	2	7
6	4	2	3	8	7	5	9	1
3	8	6	1	2	9	7	5	4
5	1	4	8	7	6	9	3	2
7	2	9	5	3	4	1	6	8
4	7	8	2	9	5	3	1	6
9	3	1	4	6	8	2	7	5
2	6	5	7	1	3	8	4	9

109

3	2	5	4	6	8	1	7	9
9	8	4	5	7	1	3	6	2
1	7	6	9	3	2	8	4	5
4	6	9	7	1	5	2	3	8
7	1	8	3	2	6	5	9	4
5	3	2	8	4	9	6	1	7
6	5	3	2	9	7	4	8	1
2	4	7	1	8	3	9	5	6
8	9	1	6	5	4	7	2	3

110

3	2	9	4	7	8	6	1	5
4	8	5	6	2	1	3	7	9
1	6	7	9	5	3	8	4	2
7	3	4	1	9	5	2	8	6
2	5	1	8	6	4	9	3	7
6	9	8	7	3	2	4	5	1
9	7	3	5	4	6	1	2	8
5	1	2	3	8	9	7	6	4
8	4	6	2	1	7	5	9	3

111

9	1	4	5	7	8	6	2	3
7	2	3	6	1	9	8	4	5
6	8	5	3	2	4	7	9	1
8	9	2	7	6	1	3	5	4
3	6	1	4	8	5	2	7	9
4	5	7	9	3	2	1	6	8
2	7	9	1	4	3	5	8	6
1	4	8	2	5	6	9	3	7
5	3	6	8	9	7	4	1	2

112

1	8	4	2	5	6	9	7	3
5	3	6	9	1	7	4	8	2
9	2	7	4	8	3	6	5	1
4	5	8	7	9	2	1	3	6
3	9	1	8	6	5	7	2	4
7	6	2	3	4	1	8	9	5
2	4	9	6	3	8	5	1	7
8	7	5	1	2	4	3	6	9
6	1	3	5	7	9	2	4	8

113

6	8	3	4	2	9	1	7	5
7	1	9	8	3	5	6	2	4
4	2	5	1	7	6	9	3	8
8	7	2	6	5	1	3	4	9
5	3	1	9	4	7	8	6	2
9	6	4	3	8	2	7	5	1
1	4	7	2	6	8	5	9	3
3	9	6	5	1	4	2	8	7
2	5	8	7	9	3	4	1	6

114

7	6	5	9	8	2	4	1	3
1	8	3	4	5	6	7	9	2
4	2	9	7	3	1	8	5	6
2	9	4	6	1	8	3	7	5
8	3	1	2	7	5	6	4	9
5	7	6	3	4	9	1	2	8
9	1	2	8	6	4	5	3	7
3	4	8	5	9	7	2	6	1
6	5	7	1	2	3	9	8	4

115

9	6	3	2	4	8	5	1	7
2	5	4	1	7	9	3	8	6
7	1	8	3	5	6	9	4	2
3	4	1	8	6	5	7	2	9
5	2	7	9	3	1	4	6	8
6	8	9	4	2	7	1	5	3
1	7	2	5	8	3	6	9	4
8	9	6	7	1	4	2	3	5
4	3	5	6	9	2	8	7	1

116

5	3	8	7	9	2	4	6	1
6	7	4	8	3	1	2	5	9
9	2	1	5	4	6	8	7	3
1	9	2	6	5	8	7	3	4
8	6	7	4	1	3	5	9	2
4	5	3	2	7	9	1	8	6
3	8	9	1	2	5	6	4	7
7	1	6	3	8	4	9	2	5
2	4	5	9	6	7	3	1	8

117

8	9	3	7	4	1	2	6	5
1	6	5	2	9	3	4	8	7
2	7	4	5	8	6	9	3	1
9	3	1	6	5	7	8	4	2
7	4	2	3	1	8	6	5	9
6	5	8	4	2	9	1	7	3
3	8	7	9	6	2	5	1	4
5	1	9	8	7	4	3	2	6
4	2	6	1	3	5	7	9	8

118

7	2	4	3	1	9	8	5	6
3	9	6	8	5	2	4	1	7
1	5	8	6	4	7	9	2	3
9	3	1	7	2	5	6	4	8
6	4	5	9	3	8	1	7	2
2	8	7	1	6	4	3	9	5
4	7	3	2	8	1	5	6	9
8	1	9	5	7	6	2	3	4
5	6	2	4	9	3	7	8	1

119

4	1	9	6	5	7	3	8	2
8	6	2	3	9	1	4	5	7
7	3	5	2	8	4	6	1	9
1	2	7	9	3	8	5	4	6
3	9	4	5	1	6	2	7	8
6	5	8	7	4	2	1	9	3
9	8	6	1	2	5	7	3	4
5	7	3	4	6	9	8	2	1
2	4	1	8	7	3	9	6	5

120

8	3	6	9	4	7	2	1	5
7	5	1	2	8	3	6	9	4
4	9	2	5	1	6	7	8	3
2	7	5	8	9	4	3	6	1
9	8	3	6	7	1	5	4	2
6	1	4	3	2	5	8	7	9
5	6	9	1	3	8	4	2	7
1	4	8	7	5	2	9	3	6
3	2	7	4	6	9	1	5	8

7	9	1	6	4	5	3	2	8
3	2	4	8	7	1	6	5	9
6	5	8	9	3	2	1	4	7
9	7	3	5	2	8	4	6	1
2	8	6	4	1	9	7	3	5
4	1	5	7	6	3	9	8	2
1	6	2	3	8	7	5	9	4
5	4	7	2	9	6	8	1	3
8	3	9	1	5	4	2	7	6

121

2	8	4	5	9	3	6	1	7
7	6	5	2	4	1	9	3	8
1	3	9	7	6	8	2	4	5
8	2	6	4	1	5	7	9	3
3	5	1	9	7	6	8	2	4
4	9	7	3	8	2	5	6	1
6	4	2	8	3	7	1	5	9
5	7	3	1	2	9	4	8	6
9	1	8	6	5	4	3	7	2

122

2	4	7	8	1	3	9	5	6
8	9	3	4	5	6	2	1	7
6	1	5	2	9	7	8	3	4
4	6	9	5	3	1	7	2	8
5	8	1	7	4	2	6	9	3
7	3	2	9	6	8	5	4	1
9	7	4	3	8	5	1	6	2
1	5	8	6	2	4	3	7	9
3	2	6	1	7	9	4	8	5

123